Docteur [illegible]

LE MOUVEMENT

[illegible] SPORTIVES, ÉDUCATION PHYSIQUE MODERNE

LA COURSE A PIED

LES COURSES DE HAIES

Avec [illegible] photographies

[illegible] BERGER-LEVRAULT, ÉDITEURS

SYNDICAT DES ÉDITEURS
A partir du 1er Août 1917
Majoration temporaire de 20 %.
Décision du Syndicat des Éditeurs
du 27 juin 1917
Librairie BERGER-LEVRAULT

LA COURSE A PIED

LES COURSES DE HAIES

DU MÊME AUTEUR

LE MOUVEMENT

ACTUALITÉS SPORTIVES, ÉDUCATION PHYSIQUE MODERNE

L'ÉDUCATION PHYSIQUE

OBLIGATION NATIONALE

Volume in-8, avec 10 photographies. 1918. — Prix : 2 francs.

BERGER-LEVRAULT, ÉDITEURS.

DOCTEUR BELLIN DU COTEAU

LE MOUVEMENT

ACTUALITÉS SPORTIVES, ÉDUCATION PHYSIQUE MODERNE

LA COURSE A PIED

LES COURSES DE HAIES

Avec 24 photographies

BERGER-LEVRAULT, LIBRAIRES-ÉDITEURS

PARIS	NANCY
5-7, RUE DES BEAUX-ARTS	RUE DES GLACIS, 18

1918

AVANT-PROPOS

La course à pied doit être placée au tout premier rang des exercices athlétiques.

Le hasard a de ces coïncidences et veut que l'auteur de ce livre soit un ancien fervent du sport pédestre; son affirmation pourrait donc paraître tendancieuse s'il n'était également médecin et n'appuyait son opinion sur des observations nombreuses.

Mais, sans avoir besoin de son témoignage, la course à pied possède un passé qui répond d'elle : elle fut de tous les temps, elle est de tous les âges et de tous les pays.

Alors qu'il n'était guère question de sport et que l'éducation physique se faisait d'instinct, par besoin naturel ou mieux par nécessité, la course avait des adeptes fervents et nombreux : c'est à sa vitesse que l'homme primitif a dû bien souvent le salut, quand il disputait aux animaux sauvages un handicap dont il était le prix tout simplement.

Cet avant-propos ne saurait prétendre à faire l'historique de la question. Cependant, nous désirons en quelques pages rappeler aux pédestrians modernes que leur arbre généalogique a des racines profondes et qu'ils peuvent s'honorer de leurs ancêtres.

C'est en Grèce que l'athlétisme a été « officialisé » pour la première fois. Ses athlètes, véritable classe spéciale dans l'État, n'avaient qu'un but : remporter la couronne olympique accordée comme prix au vainqueur des jeux. Dût l'amateurisme en rougir de honte, ajoutons que là ne se bornaient pas les avantages accordés aux champions dans l'antiquité. Ils avaient droit de préséance dans les jeux publics, étaient dispensés des charges qui pesaient sur leurs concitoyens et même étaient nourris pour le reste de leurs jours aux frais de l'État.

Parmi les jeux du stade, la course à pied était considérée comme un des exercices les plus importants. C'est par la course que se faisait l'entrée solennelle des jeux olympiques : la lutte prenait place immédiatement après elle. On sait que les Grecs avaient un calendrier « olympique » et comptaient le temps par quatre années, période qui séparait les manifestations d'Olympie. C'est là une preuve de la part considérable de l'athlétisme dans l'organisation sociale des Grecs. Ce qu'on sait moins, et qui est tout à l'honneur du sport pédestre, c'est que Thucydide et les historiens qui datent les événements par olympiades, ne manquent presque jamais d'accoler à ces dates historiques le nom de l'athlète qui avait remporté le prix de la course.

Le programme comprenait trois variétés d'épreuves :

1° La course du stade, course de vitesse dont la distance exacte ne nous est pas connue (le stade olympique mesurait 192m27, le stade attique 184m98).

Cette imprécision tient à la valeur différente accordée au pied, le stade équivalant à 600 pieds; la légende veut que Héraclès ait déterminé la longueur du pied de l'ancien stade, celui d'Olympie, en mettant six cents fois de suite les pieds l'un devant l'autre;

2° Le diaule, ou course double, dans lequel les coureurs, après avoir parcouru la longueur du stade, revenaient au point de départ; cette distance correspond approximativement à notre 400 mètres, au quart de mille anglais;

3° Le dolique, sur le compte duquel on n'est pas très fixé. Suivant les uns, la distance était de 1.281 mètres, suivant les autres de 4.392 mètres. Nous ne rouvrirons pas la discussion sur ce chapitre controversé.

Notre impression personnelle pencherait en faveur du 1.281 mètres correspondant à notre 1.500 actuel. En effet, les courses de longues distances, de grand fond, avaient plutôt lieu sur route. C'est ainsi que Philonide parcourait en neuf heures l'espace de Sicyone à Elis, soit environ 220 kilomètres.

Nous ne parlerons pas de l'entraînement proprement dit, qui permettait aux athlètes de l'antiquité de produire des performances véritablement extraordinaires. Signalons simplement deux prescriptions hygiéniques intéressantes : la première a trait au régime des athlètes, lesquels se nourrissaient presque exclusivement de laitage. La seconde, à laquelle évidemment nos coureurs modernes ne sacrifieraient pas volontiers, est la « dératisation ».

On retrouve jusque dans Plaute le témoignage de

l'influence pernicieuse de la rate. « Ah! voici un coureur à qui les jambes manquent. Je suis perdu! Ma rate s'agite et me gagne la poitrine! J'étouffe! »

Aussi ne devons-nous pas nous étonner des efforts tentés pour se débarrasser de cet encombrant organe.

Hippocrate appliquait sur la région de la rate huit à dix champignons desséchés auxquels on mettait le feu et qui formaient des plaies suppurantes destinées à décongestionner. D'autres pratiques chirurgicales ou médicales étaient employées par les « managers » de l'ancienne Grèce pour amener les athlètes au mieux de leur condition et les faire sortir vainqueurs du tournoi. Si nous avons signalé les deux précédentes, celle qui a trait au régime, celle qui vise l'ablation de la rate, c'est pour montrer combien nos ancêtres grecs s'imposaient de sacrifices pénibles et douloureux pour atteindre l'idéal qu'ils se proposaient.

Faisant un saut de l'antique au moderne, notons qu'à l'heure actuelle, malgré la publicité faite aux sports nouveaux, une part prépondérante a été laissée au sport pédestre dans les manifestations olympiques par les rénovateurs des jeux.

La simplicité « antique » de la course à pied n'est pas son moindre mérite. A l'encontre de la plupart des sports modernes, elle ne nécessite aucun accessoire spécial. Par elle le muscle agit directement : l'effort est fait pour la machine humaine et par elle-même; il n'y a pas de transmission plus ou moins compliquée, pas de facteur surajouté.

Simple aussi parce qu'elle ne nécessite ni la présence d'un adversaire ni la constitution d'une équipe, la course à pied présente encore sur certains sports l'avantage de pouvoir être pratiquée en tout lieu et en tout temps.

La course à pied est donc un véritable exercice « physiologique ». Il est bon de le souligner au moment où la gymnastique sans appareil est en pleine renaissance. Elle a sur cette dernière l'avantage de pouvoir être un sport, c'est-à-dire un exercice physique où l'attrait de la lutte se joint aux bienfaits de l'exercice lui-même.

Laissant de parti pris de côté toute discussion d'école, on nous permettra cependant de condenser notre pensée en une brève formule :

« La gymnastique prépare l'homme à une *défensive* pratique, mais néanmoins passive, les sports le prédisposent à la lutte, à l'initiative, à une *offensive* hardie. »

Si nous nous plaçons au point de vue spécial de la culture du corps, la course à pied n'est pas, comme on serait tenté de le croire, une gymnastique incomplète. Le travail musculaire est bien certainement produit en majeure partie par les membres inférieurs. Mais le simple spectacle du coureur en action témoigne de la généralisation de l'effort.

La tête haute, le tronc incliné, les bras scandant la cadence de la foulée, donnent l'impression que le mécanisme entier participe à sa progression. Le thorax du coureur à pied, son aspect gracile ne sont point impressionnants comme les pectoraux massifs du gymnaste français. Mais ce thorax, nous le savons maintenant, et nous sommes fier d'avoir été le premier à l'écrire... après l'avoir appris par l'observation, contient un cœur bien réglé et des poumons spacieux. Le pédestrian se moque de la façade et ses organes profonds sont bien logés. Cette question de la capacité pulmonaire, de la gymnastique respiratoire domine l'étude physiologique de la course à pied. Il est impossible de bien courir sans bien respirer, et les profondes inspirations qu'on exige des sujets à développement thoracique insuffisant se trouvent, par la pratique de la course, automatiquement réglées et rythmées.

C'est sur l'observation scientifique que nous nous appuyons maintenant pour dire moins timidement que Lagrange : « Quand un jeune sujet a la poitrine étroite et les côtes enfoncées, recommandez l'exercice de la course si c'est un garçon..., ou le saut à la corde si c'est une fille. »

Après cette vue d'ensemble sur le « sport princeps » de l'athlétisme, nous allons aborder l'étude technique de la course à pied.

Cette étude portera sur la mécanique de la course en général et sur certains points particuliers de celle-ci. Nous ne traiterons pas ici la partie physiologique qui a trait aux organes profonds, le retentissement du travail sur l'appareil cardiopulmonaire auquel nous venons de faire allusion. Nous avons désiré surtout décrire le mouvement, le jeu des muscles et des articulations, le geste, le style. Notre description sera aussi simple que possible. Elle ne l'est pas toujours assez, mais les photographies faciliteront aux lecteurs la compréhension du texte. L'œil n'est pas fait pour isoler une image dans la succession d'images, quelle que soit la rapidité de l'organe de la vision, quelle que soit la lenteur avec laquelle les images se succèdent. Les attitudes du marcheur fixées sur une plaque photographique semblent peu naturelles. Que dire de celles du coureur et du sauteur? Et ce sont précisément ces attitudes inattendues qui nous éclairent sur l'ensemble du mouvement, car la paresse de nos sens nous habitue, nous confine dans quelques « clichés » que le temps a faits classiques, que nous admirons de confiance... et qui ne nous apprennent rien.

LA COURSE A PIED

LES COURSES DE HAIES

TECHNIQUE DE LA COURSE A PIED

L'homme qui court accomplit un certain nombre de gestes, au premier rang desquels se place la *foulée*.

C'est donc par l'étude de la foulée que nous commencerons notre description. Mais celle-ci n'est pas toujours identique à elle-même et varie suivant la vitesse de progression. Nous examinerons successivement :

1° La foulée dans les courses de vitesse;

2° La foulée dans les courses de moyenne distance ;

3° La foulée dans les courses de longue distance.

Ces notions acquises, connaissant le travail des membres inférieurs, du train moteur, nous pourrons saisir plus facilement l'*allure* générale du coureur. Enfin nous étudierons deux temps spéciaux de la course : le *départ* et l'*arrivée*. Nous terminerons par la description d'une modalité spéciale du sport pédestre : la *course de haies*.

I — La foulée

C'est le terme consacré dans les milieux sportifs. Il n'a pas dû pénétrer beaucoup les masses si l'on en juge par la définition donnée dans le dictionnaire de Larousse :

« Foulée : trace qu'une bête laisse de son pied en passant dans l'herbe ou sur les feuilles. » L'homme est un animal, les physiologistes y consentent, mais jusqu'ici on avait donné au premier — le mot est de circonstance — le pas sur le second.

Marey, qui a étudié les allures de l'homme, tant par des appareils enregistreurs que par la chronophotographie, emploie le mot foulée dans sa définition de la course.

« La course, dit-il, consiste, comme la marche, en appuis alternatifs des deux pieds, dont les foulées se suivent à intervalles égaux; mais dans la course, contrairement à la marche, le corps quitte le sol à chaque pas pendant un instant. »

Pour nous, la foulée est la trace que l'homme laisse sur le sol pendant sa progression ou, plus exactement encore, la distance qui sépare deux contacts immédiats.

La foulée présente donc à étudier schématiquement deux temps : 1° un temps de contact avec le sol; 2° un temps de suspension. La description que nous allons donner est celle de la « foulée idéale ».

Nous entendons par là l'ensemble des mouvements susceptibles de déterminer la progression la plus rapide sur une distance donnée. C'est en effet dans la vitesse pure qu'on peut observer l'allure optima beaucoup plus que dans la course de fond. La meilleure preuve en est dans ce fait que le coureur de longue distance qui tiendrait la foulée du coureur de vitesse serait très supérieur à ses concurrents. Nous verrons ultérieurement pourquoi, en dehors de toute intervention cardiopulmonaire, la foulée de vitesse se transforme en foulée de fond par la fatigue musculaire. Nous ne discuterons pas, par avance, sur le caractère idéal de la foulée que nous allons décrire. Cette description est basée sur de nombreux documents photographiques. Elle diffère totalement de toutes celles qui ont été faites jusqu'à ce jour.

C'est en partant de l'athlète « machine d'étude » que

La foulée.

On peut voir sur cette figure combien l'allure normale diffère du pas gymnastique.
On remarquera l'allongement de la foulée, le mouvement du bras opposé à la jambe, l'attitude du tronc penché en avant.

Le départ.

Position classique du départ dit « à quatre pattes ».

nous sommes arrivé à ces données nouvelles. Nous n'insisterons pas davantage sur les mouvements successifs de flexion et d'extension de la cuisse sur le bassin, de la jambe sur la cuisse; ce sont là des phénomènes intéressants, certes, mais qui ne sauraient être du cadre de cet ouvrage. Remarquons cependant la tendance du coureur à « stepper au ras du sol ». Stepper, pour allonger la foulée; au ras du sol, pour que la phase de suspension soit réduite au minimum. Une des particularités les plus intéressantes, celle sur laquelle portera notre description, est le temps de contact avec le sol.

On pourrait dire par avance, presque empiriquement et de par un simple fait d'observation, que le talon n'intervient pour ainsi dire pas dans la course et que le pied antérieur seul est en jeu. Le soulier du pédestrian, à part quelques variantes, présente des caractères très spéciaux. Sa semelle est divisée en deux zones distinctes : une antérieure, fort épaisse et pourvue de pointes saillantes, est destinée à empêcher le dérapage, à faciliter l'effort; une postérieure, extrêmement mince, inexistante pourrait-on dire, et dont le rôle est uniquement de maintenir l'adhérence du soulier. Le simple examen de la trace laissée par un coureur sur une piste en cendrée nous fournit une nouvelle argumentation : seul, le pied antérieur laisse son impression sur le sol.

Le pied antérieur a donc une importance primordiale.

Dans la foulée de départ que nous décrirons ultérieurement, l'homme progresse uniquement par un contact antérieur, digital pourrait-on dire. Tant que la foulée est petite, le coureur gagne à « s'arracher par la pointe ». Au moment où la foulée grandit, la tendance naturelle du pied est, nécessairement, de « talonner ».

L'articulation tibio-tarsienne, dans laquelle se passent ces mouvements, peut être schématiquement représentée par une aiguille, un pivot autour duquel tourne le pied. C'est par la contraction des muscles que ce pied n'est pas ballant et exécute ses mouvements de flexion et d'extension autour d'un axe fictif passant par la cheville.

Au moment où le pied va prendre contact avec le sol, le coureur prolonge « artificiellement » la foulée. Il évite que le talon ne touche le sol par une extension forcée qui augmente en quelque sorte la période de suspension de toute la longueur du pied. Celui-ci, qui allait toucher le sol par le talon postérieur, le touche, grâce à cet artifice, par le talon antérieur. Ce « dérobage » du talon au contact est la phase ultime de la période de suspension.

En réalité, on ne peut pas dire que le talon ne prend pas contact avec le sol, mais ce contact est un véritable « effleurement ». Il n'a aucun rôle dans la progression, bien au contraire, car s'il venait « piquer » le sol, il ralentirait nécessairement la vitesse. Ce contact minime est extrêmement court, inexistant presque dans le sprint.

Dans la course de longue distance, la foulée se modifie notablement. Elle se tasse, d'abord par diminution de l'écartement des jambes, ensuite par le jeu du pied qui finit par poser à plat, voire même sur le talon. Dans ce cas de non déroulement du pied intervient le facteur fatigue sous ses deux formes cérébrale et musculaire.

Nous reviendrons plus loin sur l'intervention du facteur cérébral lors de l'étude de la course de moyenne distance. Quant à la fatigue musculaire, elle a son origine dans le choc répété du pied sur le sol. Ces contacts successifs détendent les fibres musculaires chargées du soutènement de la voûte plantaire, laquelle finit par s'affaisser. Il y a élongation pour vaincre cette résistance, par un mécanisme analogue à celui de l'extension continue appliquée pour vaincre la contracture musculaire.

Nous avons jusqu'ici décrit la foulée en général sans nous préoccuper de ses variations. Or celles-ci sont nombreuses, et la plus ou moins grande longueur de la foulée est, avant tout, fonction de la constitution générale du sujet, de la longueur de ses jambes, de son compas.

C'est en étudiant chacune des modalités de la course : vitesse, moyenne distance ou fond, que nous nous rendrons compte des avantages comparatifs de la grande et de la petite foulée.

Il nous arrivera d'employer les termes grande taille, petite taille, taille moyenne, considérant l'individu dans son ensemble, mais il demeure entendu que le train inférieur est seul en cause.

Encore est-il bon de faire remarquer que, au point de vue rendement, ce qui importe est l'utilisation des qualités naturelles.

Ces deux restrictions étaient nécessaires : certains coureurs de petite taille, prédisposés anatomiques du train inférieur, ont des foulées d'une longueur « classique ». Chastanié et Kraentzlein en sont des exemples fameux; leur fente était majorée par l'entraînement.

1° *La foulée dans les courses de vitesse.*

Schématiquement nous pouvons classer les « sprinters » en deux catégories :

1° Les hommes d'une taille supérieure à la normale, à grandes foulées ;

2° Les hommes de taille inférieure à la normale, à petites foulées.

Nous laisserons de côté momentanément les hommes de taille moyenne dont la foulée moyenne ne présente aucun intérêt dans le cas spécial qui nous occupe.

En étudiant au contraire les extrêmes, nous verrons l'homme dont le rendement est le meilleur sur la distance.

Les Américains, qui sont passés maîtres dans la pratique des sports athlétiques — se plaçant uniquement au point de

Le départ.
Attention ! L'homme, en équilibre instable, les muscles tendus, est prêt à bondir.

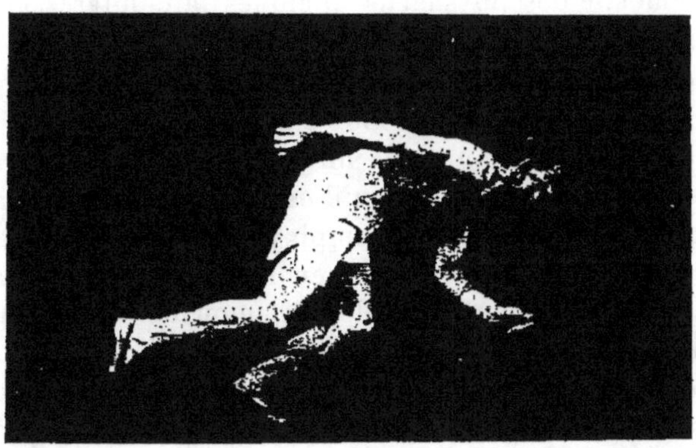

Le départ.
Poussée ascensionnelle du pied antérieur. Poussée propulsive du pied postérieur.

vue sportif — ont cherché à établir la vitesse moyenne des courses sur une distance de 100 yards.

Ce tableau-record de la vitesse est le suivant :

20 yards	en	2" 4/5.	Vitesse moyenne :	6m 50
35	—	4"	—	8 00
40	—	4" 2/5	—	8 30
50	—	5" 2/5	—	8 45
60	—	6" 2/5	—	8 57
70	—	7" 1/5	—	8 90
80	—	8"	—	9 14
100	—	9" 3/5	—	9 52

Ce tableau permet de se rendre compte au premier coup d'œil que la machine humaine, comme toute mécanique qui lutte contre le temps, obéit à la loi générale de la mise en marche. Il y aurait, sur ce sujet, de fort intéressantes moyennes à établir. Nous nous contentons de signaler à l'ingéniosité des physiciens quelques faits intéressants : le cycliste, plus vite que le coureur à pied, a une mise en marche plus lente; l'automobiliste, plus rapide que le cycliste, prend un départ moins bon, etc.

Et même, poussant plus loin, en examinant le cycliste, nous pouvons remarquer qu'il est d'autant plus vite au départ que le développement employé est plus faible, la résistance à vraincre pour la mise en marche étant proportionnellement plus considérable, le mouvement initial des jambes moins rapide.

Ce phénomène se retrouve absolument superposable dans la course à pied, le développement étant ici représenté par la longueur de la foulée. Plus la foulée est grande, moins l'individu entre vite en action. Et ceci explique que dans la majorité des cas les hommes vites au départ soient des hommes à petites foulées.

La question du poids n'intervient que d'une façon très

Le départ.

Position du départ au commandement de « Attention ! »

Le départ.

La première foulée du départ. Le bras antérieur a été violemment projeté en avant en même temps que le redressement du corps se produit par détente de la jambe antérieure. La jambe postérieure a déjà quitté le sol.

secondaire ; il n'est pas rare de trouver, chez les meilleurs coureurs, des sprinters dont le coefficient de robusticité, nettement inférieur à la normale, témoigne de la légèreté relative de l'individu proportionnellement à la taille : ce sont des hommes à grandes foulées qui prennent mal le départ, alors qu'un autre type est réalisé par un individu petit, souvent gros, et dont le départ est foudroyant.

Cette explication donnée, il semblerait qu'il est inutile d'aller plus loin et que la conclusion s'impose : le sprinter doit courir à petites foulées, puisque, jusqu'ici, le bon départ a été considéré comme le critérium du sprint.

En réalité, se reportant au tableau ci-dessus, on se rendra compte que si, dans les premiers 20 mètres, l'influence du départ est considérable, les 50 derniers au contraire semblent à peu près parcourus par une machine en unité d'action. C'est à ce moment que la foulée parle et que l'homme grand rattrape sur le petit son handicap initial.

Il y aurait donc intérêt, au point de vue idéal, et s'inspirant des faits expérimentaux, à fournir les premiers 50 mètres à petite foulée et les 50 derniers en grande foulée. Cette méthode est pratiquement inutilisable, tout changement d'allure étant préjudiciable sur une distance parcourue en un si court espace de temps.

La conclusion définitive s'impose donc : c'est que le coureur de vitesse « idéal » doit progresser par foulées moyennes. Il ne sera ainsi désavantagé ni au départ ni dans le cours de l'épreuve.

C'est en partant de ce principe qu'on doit régler l'entraînement des coureurs de vitesse, quelle que soit leur prédisposition naturelle : allonger la foulée des individus de petite taille, leur qualité originelle restera la même au départ, et l'allongement de la foulée relativement facile à obtenir leur rendra service dans le déboulé final.

Pour les individus de taille supérieure à la normale, le problème est en réalité plus complexe, car la diminution de la longueur de la foulée est difficile à obtenir. L'intérêt commande en tout cas de ne pas chercher à l'amplifier.

Faisons cependant remarquer, pour rester dans le domaine de la pratique et de l'observation, que la constitution anatomique de l'individu n'est pas le seul élément dans la course de vitesse. On peut citer des sprinters fameux, grands, et d'autres petits, avec cependant une prépondérance légère en faveur de ces derniers. Lors des derniers championnats d'Angleterre (1914), on put voir lutter à armes presque égales Applegarth et Taylor, deux hommes de structure bien différente et répondant aux deux types que nous avons indiqués.

2° *La foulée dans les courses de moyenne distance.*

Si nous examinons maintenant les courses de moyenne distance, nous nous trouvons en présence d'un critérium tout à fait différent. Au point de vue spécial qui nous occupe, celui de la foulée, nous rangerons sous la dénomination « moyennes distances » toutes les épreuves pédestres au-dessus de 200 mètres, jusque et y compris 800 mètres.

Au-dessous de 200 mètres, nous sommes toujours dans la catégorie vitesse : l'influence du départ se fait encore sentir d'une façon très appréciable, beaucoup moins, cela va sans dire, que dans la vitesse pure réalisée par le 100 mètres, mais l'avantage de la petite foulée subsiste encore.

Cet avantage se manifeste d'ailleurs de moins en moins au fur et à mesure que la distance augmente, parce que l'homme grand peut alors « s'étendre » et que sa constitution anatomique parle.

Les moyennes distances doivent nécessairement être parcourues en grandes foulées. C'est là un fait d'observation courante auquel nous nous efforcerons de donner une explication.

Dans cette variété de course, un facteur nouveau fait son

apparition : la fatigue. En vitesse, même avec un entraînement léger, la fatigue est quantité négligeable : aucun homme de vitesse ne s'arrête parce qu'il n'en peut plus : il est battu parce qu'il est débordé, parce que son adversaire est plus vite, a plus de détente, jamais parce que ses forces sont épuisées.

C'est une course dans laquelle la dominante est la commande cérébrale, l'influx nerveux, et où seul ce facteur intervient pour désigner le vainqueur, toutes qualités naturelles étant égales.

La moyenne distance est essentiellement différente : au-dessus de 200 mètres, on constate en effet le rôle spécial dévolu à la fatigue. Celle-ci se fait sentir pendant la course à une distance variable du départ. Elle est fonction de l'acte respiratoire.

Nous ne nous étendrons pas sur ce sujet que nous avons traité à plusieurs reprises dans des publications antérieures (1). Le temps nécessaire pour parcourir une distance de 200 à 800 mètres, temps qui ne dépasse pas deux minutes, est insuffisant pour donner lieu à une fatigue par encrassement. Il ne saurait y avoir surproduction de toxines, emmagasinement, puis décharge. C'est la débauche d'oxygène, due au mouvement, qui détruit l'équilibre et détermine l'apparition de la fatigue respiratoire. Il y a insuffisance d'apport eu égard à l'exagération des combustions. En outre, le cœur, par l'intermédiaire duquel se fait la répartition gazeuse, n'est pas sans subir le contre-coup de l'effort et ne produit plus son travail dans les meilleures conditions. Quelle que soit la distance où apparaît ce symptôme, variable suivant l'individu et son état d'entraînement, l'essoufflement se manifeste.

Nous n'insisterons pas sur les effets chimiques de cet

(1) *La Respiration dans les sports* (Chaix, éditeurs, 1913). *Fatigue respiratoire. Boxeurs, courez ! Courez, mais courez bien*, etc... in collection du journal *Sporting*.

Le départ.
La jambe postérieure amorce la deuxième foulée.

L'Arrivée.
Type d'arrivée avec élévation verticale des bras.

essoufflement. Nous nous bornerons à remarquer que les mouvements respiratoires se précipitent et peuvent, dans ces conditions, dépasser 35 à 40 inspirations à la minute. Ce phénomène présente, au point de vue mécanique, une importance considérable. On sait le rôle dévolu au thorax dans la production des mouvements : leur précision est fonction de la rigidité du bloc thoracique, autour duquel jouent les leviers. En conséquence, au moment où l'essoufflement se fait sentir, corrélativement apparaît un phénomène bien connu que les sportsmen traduisent en un langage imagé : « l'homme se désunit » ; son allure change, ses mouvements ne présentent plus l'harmonie primitive, et le rendement s'en trouve diminué.

C'est à cette phase de l'effort que l'on peut se rendre compte de l'avantage de la grande foulée sur la petite. En examinant comparativement — et là encore nous faisons appel à l'observation — les deux types anatomiques que nous avons décrits, on remarque que l'homme à petite foulée se désunit plus tôt et plus complètement que l'autre.

Nous pouvons en donner trois raisons :

La première, c'est que l'homme qui progresse par petites foulées répète, pour une distance égale, un plus grand nombre de fois le même mouvement. Sa dépense énergétique est donc plus grande dans le même espace de temps : il a plus de contacts avec le sol. Son levier agit un plus grand nombre de fois.

La seconde, c'est que la désunion, indépendamment du facteur intrinsèque « personnel », est fonction d'un autre facteur, le facteur terrain. Le levier de la jambe produit ainsi son effort sur un sol plus ou moins plan. Alors qu'au début de la course le jeu de l'organisme est précis, ce facteur surajouté n'intervient pas ; mais au moment où l'équilibre statique devient instable, ce phénomène est considérablement amplifié : il suffit, dans ces conditions, d'une différence de résistance presque inappréciable pour que le

L'Arrivée.

Type d'arrivée avec abduction latérale des bras.

L'Arrivée.

On voit sur cette vue latérale que le balancement antéro-postérieur des bras est supprimé à l'arrivée.

dérapage se produise : nouvelle cause de désunion ajoutée à la première. Or, l'homme qui a avec le sol le moins de contact est celui qui rencontre le moins d'obstacle, d'où l'avantage, mathématique pourrait-on dire, de la grande foulée.

La troisième raison est assez complexe, mais non moins précise. Ceux qui ont pratiqué le sport pédestre ont maintes fois remarqué, au moment où la désunion se produit, que l'homme à grandes foulées est avantagé par l'intervention d'un facteur cérébral. Il semble qu'il « peine » moins que son adversaire, lequel « semble » piétiner et « rester sur place » à ses côtés, même quand il se maintient à sa hauteur. A ce moment de l'effort, la rythmicité intervient par un véritable « automatisme », mais l'inconscient est plus apparent que réel. Pour progresser, il faut vouloir progresser, c'est-à-dire faire des foulées. Or, moins l'individu a besoin de solliciter ses réserves d'énergie, moins il dépensera de ces réserves, plus il en aura à sa disposition.

L'homme qui produit un effort sur les moyennes distances ne saurait être comparé à l'homme qui marche tranquillement dans la rue. Chez ce dernier, les phénomènes réflexes ont la part prépondérante et l'intervention de la volonté est quantité négligeable. On se trouve bien en présence d'un véritable automatisme. Chez le coureur, les conditions de la progression sont tout à fait différentes. L'automatisme — un automatisme relatif d'ailleurs — peut exister pendant la première partie de la course. L'homme fait un effort dès le départ, puis son cerveau est relativement « libre », il court avec ses réflexes. Pendant cette phase initiale, il peut réfléchir, surveiller ses adversaires, conduire et raisonner sa course.

Mais il arrive un moment où la tension cérébrale se précise, où la volonté intervient nécessairement : c'est lors de l'apparition de la fatigue que l'effort cérébral devient indispensable pour mettre « un pied devant l'autre ».

LA HAIE DE 110. — Avant l'obstacle. Vue latérale.
Le dernier contact avec le sol. Élévation du train supérieur par le redressement de la jambe.

LA HAIE DE 110. — Avant l'obstacle. Vue antérieure.
Le dernier contact avec le sol. On voit la semelle du pied antérieur regardant nettement en avant (elle masque une partie de la figure du coureur).

Or, pour parcourir les derniers 100 mètres d'une course, l'homme à petites foulées ($1^{m}50$ par exemple) devra « vouloir » 67 fois, l'homme à grandes foulées (3 mètres) n'aura besoin que de 34 incitations motrices.

Cet exposé nous permettra de conclure : la moyenne distance doit être parcourue à grandes foulées. Il est toujours facile par des exercices appropriés d'agir en modifiant l'allure originelle et d'élargir la fente limitée en général par le raccourcissement des fibres musculaires de la face postérieure de la cuisse, beaucoup plus que par la fixation articulaire.

3° *La foulée dans les courses de longue distance.*

Il nous reste enfin à examiner la foulée dans les courses de longue distance. Celles-ci peuvent être divisées en deux catégories : les distances au-dessous de 5.000 mètres et les distances au-dessus. Les courses de longue distance présentent, en outre, un caractère très différent suivant qu'elles ont lieu sur piste ou sur route.

D'une façon générale, on peut dire que dans cette variété de course, la longueur de la foulée ne présente qu'une importance relative. Le principal pour l'homme est de « durer » ; il n'y a donc pas pour lui un intérêt particulier à modifier son allure naturelle. Il y a par contre un intérêt spécial à ne pas « sauter » sur la foulée, mais à progresser au ras du sol. Le poids du corps s'élevant moins, la chute est moins forte et la plante du pied se fatigue d'autant moins. L'ébranlement général est par là même moins considérable, et la fatigue plus lente à se manifester.

Cette question de la fatigue dans ses rapports avec la foulée nous amène à parler à nouveau des reflexes. Contrairement aux moyennes distances, l'automatisme a sa raison d'être dans les longues distances. Il ne saurait être question ici de « vouloir » d'une façon continue. On court avec ses

LA HAIE DE 110. — Avant l'obstacle. Vue latérale.
Période de suspension. Le passage de la jambe antérieure est amorcé.

LA HAIE DE 110. — Avant l'obstacle. Vue antérieure.
Période de suspension. Le coureur passe trop haut sa jambe antérieure avant l'obstacle, pour qu'elle passe assez haut quand il sera sur lui.

réflexes dans les épreuves de longues distances, même et surtout dès l'apparition de la fatigue. C'est pourquoi on ne saurait utilement modifier la « foulée naturelle » automatique à laquelle le coureur revient nécessairement. De temps à autre, la nécessité s'impose à lui de produire un effort cérébral. Pendant ces phases de « foulées artificielles », volontaires, l'allure change nettement pour l'œil du connaisseur et s'améliore considérablement. Mais la tension cérébrale ne saurait être constante et l'automatisme reparaît bientôt.

Après avoir décrit en détail la foulée, c'est-à-dire le jeu du « train inférieur », il nous reste à étudier la façon dont se comporte le « train supérieur » pendant la course, si bien que nous connaîtrons la progression du mécanisme dans son ensemble.

II — L'allure générale du coureur

Aussi étrange que puisse paraître cette affirmation, l'allure générale du coureur est beaucoup plus fonction du train supérieur que du train inférieur.

On s'en rend parfaitement compte en comparant le style classique d'un de nos champions et le non moins classique « pas gymnastique ».

Si nous considérons des gymnastes, nous les voyons invariablement courir, les bras collés au corps, le buste rigide. C'est là, nous le dirons bientôt, une véritable hérésie, car le pas gymnastique n'a, au point de vue course, pas plus d'utilité pratique que le fameux « pas de parade » allemand n'en présente au point de vue marche.

Nous n'aurions pas même pris la peine de condamner ce coupable si ce n'était une occasion de montrer combien un enseignement basé sur l'erreur peut déterminer de conséquences fâcheuses. Le pas gymnastique est une erreur physiologique : le jeu des jambes se fait presque sur place, c'est-à-dire réalise l'inverse de la foulée, sans doute dans un but de médiocrité égalitaire. Quant aux bras, ils sont immobilisés en demi-flexion et ne participent nullement à la progression. De plus, la position « coudes collés au corps » détermine une constriction thoracique relative, ou pour le moins une gêne à l'expansion respiratoire.

Tels sont les principes de course que l'on enseigne, que l'on impose dès l'école. C'est là une monstruosité. Jamais nous n'avons vu un seul coureur, même de longue distance, employer cette allure. Par contre, il nous est donné à chaque instant, quand nous commandons à un groupe de courir, de voir les hommes se mettre immédiatement au pas gymnastique. C'est là de l'instinct dévié. Il n'en demeure pas moins qu'il est ultra-difficile de faire perdre cette mauvaise habitude alors qu'il eût été si simple de ne pas la donner.

Le « pas de course » doit remplacer désormais le « pas gymnastique ».

Dans la course, il y a en effet un équilibre instable du corps par suite des changements dans le centre de gravité qui se succèdent avec une rapidité extrême.

La machine doit nécessairement se plier aux besoins de cet équilibre et ne peut e faire qu'au moyen de balanciers : les bras. Le tronc et la tête ont également une statique spéciale que nous décrirons en dernier lieu.

1° *Les bras.*

Ceux-ci entraînent dans leur mouvement compensateur tout le moignon de l'épaule, si bien que l'on pourrait considérer le segment supérieur du coureur comme séparé en deux moitiés par un plan fictif : une moitié droite et une moitié gauche qui progressent pour ainsi dire chacune pour leur propre compte.

Quand la jambe droite avance, ce mouvement de propulsion s'accompagne d'une projection en avant du bras opposé avec élévation du moignon de l'épaule. Quand le pied droit arrive en contact avec le sol, l'épaule gauche s'abaisse, le bras gauche revenant dans l'axe du corps; il passe en arrière quand la jambe gauche devient antérieure. En résumé, il y a donc, pendant la course, progression opposée entre les membres supérieurs et les membres inférieurs : bras droit en avant, jambe gauche en avant et vice versa.

2° *Le tronc.*

Le tronc subit le contre-coup du balancement omoplato-thoracique. L'étude de sa statique pendant la course est des plus intéressantes. Dans les épreuves de vitesse, il est légèrement fléchi en avant. Nous en verrons la cause en étudiant le départ. Dans les épreuves de moyenne distance et de longue distance, tout en conservant son rôle dans l'équilibration, on pourrait presque dire que sa position est « indifférente » et fonction de la constitution anatomique de l'individu.

C'est par l'inclinaison du tronc en avant ou en arrière que se déplace pendant la course le centre de gravité. L'homme qui court penché en avant « court après son centre de gravité » et se trouve exposé à la chute. L'homme dont le buste est en extension en arrière, peut être considéré au contraire comme tirant avec son train inférieur son train supérieur. Cette dernière attitude est donc « frénatrice », et ceci est si vrai que l'homme qui veut ralentir sa vitesse de progression, à la fin d'une course par exemple, prend d'instinct cette attitude en extension arrière.

Nous avons parlé de variation dans la statique du tronc suivant la constitution anatomique du coureur. Les quelques lignes qui précèdent nous permettront maintenant d'être mieux compris. Les coureurs légers, et surtout ceux dont le train supérieur est léger, ont souvent tendance à « laisser en arrière » leur buste. Ils n'éprouvent pas de ce

La haie de 110. — Au-dessus de l'obstacle. Vue latérale.
La position « groupée ». Le désaxage de la jambe postérieure.

La haie de 110. — Au-dessus de l'obstacle. Vue antérieure.
L'angle ouvert à gauche et en avant formé par les deux cuisses

fait un bien grand désavantage, car le contrepoids supérieur est relativement léger. L'observation montre d'ailleurs que cette variété anatomique s'arrête difficilement et est à la fin d'une course emportée par son élan.

Au contraire, chez l'homme dont le train supérieur prédomine l'inférieur, il y a nécessité à courir en inclinaison en avant, le freinage du poids se manifestant chez lui avec toute son intensité.

3° *La tête.*

L'attitude de la tête mérite enfin de nous arrêter. Le rôle de la tête n'est pas intéressant, bien entendu, au point de vue statique, tout au moins en ce qui concerne la course plate (nous verrons au contraire son importance dans la course d'obstacles). La position de la tête pendant la course n'est pas cependant indifférente, car elle règle, relativement, le débit respiratoire. La flexion ou l'extension agissent d'une façon certaine sur le tube pharyngo-laryngé, fixé à la base du crâne d'une part et dans la région du cou par les aponévroses cervicales. Les mouvements de la tête agissent de même sur les gros vaisseaux du cou. L'attitude la moins physiologique est la flexion forcée dans laquelle la compression des organes élastiques est la plus manifeste. De même l'hyperextension détermine une élongation qui gêne le débit gazeux ou vasculaire. L'inclinaison légère en avant dans l'axe du corps peut être considérée comme la plus normale.

III — Le départ

En étudiant la course de vitesse, on a pu se rendre compte de l'intérêt qu'il y avait à partir rapidement. Les courses de moyenne distance nécessitent également une

La haie de 110. — Au-dessus de l'obstacle.
Le rôle de balanciers des bras.

La haie de 110. — Après l'obstacle. Vue latérale.
Le tronc « semble » se redresser.

envolée rapide. Pour les courses de fond, l'intérêt n'est plus le même, l'avantage étant à l'homme qui peut durer.

Nous décrirons seulement le départ « classique » universellement adopté aujourd'hui. Son étude a été très approfondie par les athlètes américains, qui se sont arrêtés au départ « à quatre pattes » reconnu le meilleur, après bien des essais et des tentatives.

Le départ est donné derrière une ligne marquée sur la piste, aucun point du corps ne devant la dépasser. L'homme est accroupi, un genou sur la ligne de départ. Des trous ont été creusés dans le sol pour caler les pieds et permettre un point d'appui fixe. Le premier trou, l'antérieur, est au voisinage de la ligne très légèrement en retrait sur elle; le second, plus en arrière d'environ 50 centimètres. Le coureur se trouve donc sur un genou, celui du pied postérieur, la jambe antérieure étant fléchie sur la poitrine. Il complète son équilibre grâce aux mains, qui prennent contact avec le sol par les extrémités digitales.

Au moment du départ, c'est-à-dire au commandement de « Attention » qui précède le coup de pistolet, l'homme soulève son buste, la tête légèrement redressée dans une inclinaison telle que le regard fixe naturellement un point situé à une dizaine de mètres en avant. Dans cet équilibre instable, le corps présente à peu près la silhouette du coureur cycliste, le siège élevé, les mains basses sur le guidon. Seules les mains empêchent la chute du corps en avant.

Au coup de pistolet, l'homme bondit et s'arrache du sol. Nous avons vu que cet arrachement est pénible. Les temps comparés des premiers et des derniers mètres des 100 mètres nous l'ont déjà laissé supposer. La première foulée dépasse très rarement 75 centimètres. En 15 mètres environ le coureur est relevé. Ce relèvement doit être progressif : il représente la résultante de deux forces : une verticale se dirigeant de bas en haut et destinée à soulever le poids du corps, une horizontale, parallèle au sol, destinée à la progression.

La haie de 110. — Après l'obstacle. Vue latérale.

En rapprochant cette vue latérale de la vue antérieure, on se rendra compte du synchronisme de certains mouvements. Sur ces deux clichés, pris successivement, l'index droit du coureur est en extension.

La haie de 110. — Après l'obstacle. Vue antérieure.

Amorce de la première foulée après le premier contact. Le balancement des bras a repris, l'homme est redevenu coureur.

L'étude de la première foulée mérite l'attention. Le « décollement » du sol se fait surtout par la jambe antérieure que nous avons vue fléchie au maximum sur la poitrine. La projection en avant se fait beaucoup plus par la chute du corps que par la propulsion. En effet, si l'homme faisait un effort de projection, celui-ci étant inégalement réparti, les jambes antérieure et postérieure travaillant isolément, il en résulterait un déséquilibre qui serait nuisible à la régularité de l'allure. C'est précisément pour utiliser l'action de la pesanteur que les Américains ont innové ce départ à quatre pattes.

Les bras, dès que les mains ont quitté le sol, leur rôle de soutènement disparu, ne demeurent pas inactifs. Ils concourent à la progression et au soulèvement du corps. Le bras antérieur, correspondant à la jambe du côté opposé, est violemment projeté en avant et en haut, et on retrouve ici le phénomène signalé plus haut à propos de la foulée. Le moignon de l'épaule attiré, « arraché », est soulevé avec le haut du corps.

IV — L'Arrivée

Là encore, ce sont les courses de vitesse qui nous intéresseront plus particulièrement. Nous avons vu combien le blocage du thorax est important au point de vue foulée. Nous avons signalé comment, pour maintenir l'allure le plus longtemps possible, il est utile qu'un rythme respiratoire réglé intervienne pour que les jambes se meuvent sur leur affût mobile.

Au moment de l'arrivée, c'est-à-dire quand l'homme rompt le fil tendu devant les yeux du juge, il semblerait que le coureur ait intérêt à bondir, à sauter presque, pour devancer l'adversaire dans les derniers mètres. Certains coureurs, bons spécialistes du saut en longueur, sont en effet capables de franchir d'un bond plus de 6 mètres, le double au moins de leur foulée habituelle. L'expérience prouve que cette envolée suprême ne présente aucune utilité, bien plus, qu'elle est certainement nuisible : l'homme doit finir « dans son allure ».

Si cette allure est droite, la poitrine saillante, la dernière foulée sera semblable aux précédentes, le buste lui-même ne changeant pas son inclinaison.

Si au contraire le coureur a une allure penchée, le thorax légèrement oblique en avant, il a intérêt, dans sa dernière foulée, à projeter sa poitrine en avant pour rompre le fil. Ce mouvement est obtenu par une cambrure forcée des reins avec projection de la tête et des bras en arrière.

Cet ultime effort de la course est nettement thoracique et brachial. Ce sont même surtout les bras qui font le plus de travail dans la dernière foulée. C'est par leur projection en arrière que le coureur bombe la poitrine et rompt le fil de laine tendu à l'arrivée.

Cette projection rompt l'allure naturelle et supprime le balancement des bras, balancement antéro-postérieur que nous avons vu opposé à celui des jambes.

Le plus fréquemment, c'est par une abduction latérale que les bras sont rejetés en arrière, quelques coureurs employant également l'élévation verticale.

Nous rapprocherons de cette étude de la course à pied celle des courses de haies. Ne pouvant entrer dans des détails qui nous entraîneraient trop loin, nous bornerons notre étude à celle du 110 mètres haies. C'est le type parfait de cette variété, la quintessence de la course avec le saut. La difficulté est poussée au maximum : un bon coureur de 110 est nécessairement un steeple-chaser de choix, car les difficultés de l'obstacle sont moins considérables et la vitesse moins grande.

L'étude du 110 haies nous servira de transition entre la course proprement dite et les concours athlétiques.

Les courses de haies.

La haie de 110 mètres haies présente une hauteur de 1m06.

La première est à 15 mètres du départ.

Le nombre de haies est de dix, séparées par un intervalle de 9 mètres.

Le record du monde, que nous citons à titre de curiosité et pour montrer combien les spécialistes arrivent à produire des performances magnifiques, appartient à l'Américain Simpson avec le temps de 14"3/5.

La moyenne de la vitesse pour cette épreuve est de 7m50 à la seconde, vitesse remarquable si l'on songe aux à-coups que les sauts multiples impriment à l'allure des coureurs. Il s'ensuit que le « style » de l'individu présente là encore un intérêt de premier ordre. Ce style doit être soigneusement étudié. Tout le monde ne saurait prétendre à la virtuosité d'un Kraentzlein. Celui-ci, dont le nom figure encore au tableau des records du monde (200 mètres haies en 23"6/10), était le prototype du coureur de haies. Bâti tout en jambes, son aspect éveillait la comparaison avec la grenouille, et l'on comprend par ce rappel ancestral combien il se trouvait à son aise dans ce genre d'épreuve où l'on progresse par bonds

Pl. XI

La haie de 110

Les hasards de la photographie ont groupé sur ce cliché quatre des meilleurs spécialistes du monde dans les différentes phases du saut : avant l'obstacle, au-dessus de l'obstacle, après l'obstacle.

successifs. Les pas intermédiaires aux obstacles ne sont en effet que des phases du saut : ce ne sont pas des foulées normales à proprement parler, car le nombre des pas entre chaque haie n'est pas indifférent. La distance où l'envol se produit est toujours la même par rapport à la haie, de même que le point de chute.

L'homme saute avec une précision toute mathématique. Et ceci n'intéresse pas, comme on pourrait le croire, que les champions. Tout homme qui a du « style » saute plus ou moins vite, mais correctement : c'est là une affaire d'apprentissage. Par contre, le novice est absolument désorienté par la succession des sauts. Le besoin d'une méthode ne se fait sentir nulle part davantage que dans le 110.

Les différentes modalités employées pour passer la haie se résument dans l'obligation inéluctable de la passer le plus vite possible, c'est-à-dire le plus bas possible, sans pourtant renverser la haie, voir même la toucher.

La jambe antérieure rase la barre par la plante du pied qui regarde presque directement en avant. La cuisse est en hyperflexion, sa face antérieure venant presque toucher la poitrine.

La jambe postérieure est rejetée latéralement en dehors, déséquilibrant le buste, qui se rétablit par un mouvement compensateur des bras disposés en ailes, en balanciers.

Cette jambe postérieure est réellement ennuyeuse pour le coureur, car, après l'avoir propulsé au-dessus de la haie, elle constitue un poids mort non seulement inutile, mais nuisible.

Désaxée par son mouvement d'abduction qui doit être assez prononcé pour que le genou ne vienne pas heurter l'obstacle, il lui faut revenir dans l'axe assez vite pour exécuter la seconde foulée (la première s'est faite par l'intermédiaire de la jambe antérieure sur laquelle le corps s'est reçu).

Tel est le saut « américain » de la haie en opposition au saut français, saut exécuté de face, la jambe postérieure res-

La haie de 110. — Après l'obstacle. Au-dessus de l'obstacle.

Ce cliché montre bien la « suppression momentanée » de la jambe postérieure au-dessus de l'obstacle. Après l'obstacle, on voit le déroulement du pied antérieur qui va prendre contact avec le sol.

tant dans l'axe du corps, ce qui nécessite, on le conçoit, une durée plus longue d'envol.

Après cette vue d'ensemble, schématique, de la course de 100 mètres haies, il nous reste à préciser quelques détails. Pour la facilité de la description nous envisagerons successivement l'homme avant l'obstacle, au-dessus de l'obstacle, après l'obstacle.

1° *Avant l'obstacle.*

Le dernier contact du coureur avec le sol avant son élévation au-dessus de la haie se fait par l'intermédiaire du membre inférieur demi-fléchi; le redressement de la jambe détermine l'élévation du train supérieur, le sol ne pouvant se dérober sous la pression. Alors que dans la marche, la force de cette pression est, suivant Marey, approximativement de 20 kilos, on conçoit que dans le saut cette pression soit beaucoup plus considérable. C'est, comme dans la course, grâce à la propulsion du pied antérieur que l'élévation s'exécute. Pendant le dernier contact — prenons, pour faciliter notre description, le pied gauche comme exemple — la jambe droite à commencé à « amorcer » le saut. La cuisse se fléchit sur le bassin, la jambe s'étend sur la cuisse, le pied se fléchit sur la jambe, la semelle commençant à regarder en avant.

Cette préparation au saut avant d'être au-dessus de l'obstacle, ce prélude sont indispensables. Alors que dans le simple saut en hauteur l'athlète se contente d'élever son corps au-dessus de l'obstacle, ici, par suite de la longueur de la phase de suspension, il doit exécuter un véritable vol plané ou, pour parler plus athlétiquement, un saut mixte à la fois en hauteur et en longueur.

C'est pour cette raison que la période de suspension avant la haie est relativement longue, l'appel étant pris par les champions près de 2 mètres avant la haie. Le pied qui

La haie de 110.

Un des plus beaux sauts : le style en est parfait et la jambe postérieure « rase » l'obstacle avec une précision remarquable. L'inclinaison latérale du tronc est particulièrement nette.

La haie de 200.

La différence de style est manifeste. Le désaxage complet de la jambe permet à André de raser l'obstacle, alors que Poulenard (58) s'élève beaucoup trop haut. Ce dernier semble aussi grand qu'André, alors qu'il est plus petit d'au moins 20 centimètres.

passe l'obstacle le premier, le pied droit dans notre description, est au-dessus de la hauteur qu'il doit franchir, 40 centimètres environ avant d'aborder l'obstacle. Le coureur prévoit en quelque sorte la descente au-dessus de l'obstacle et passe trop haut avant, pour passez assez haut sur lui.

Le mouvement des bras est demeuré le même que dans la course plate, et on retrouve ici le balancement de sens inverse, jambe gauche en avant, bras droit en avant. Faisons remarquer que, en même temps que la jambe s'élève pour passer l'obstacle, le bras opposé s'élève parallèlement à elle.

Le tronc est incliné en avant, la tête dans le prolongement du tronc, l'axe du corps étant représenté par une ligne oblique passant par la cuisse postérieure et le tronc.

2° *Au-dessus de l'obstacle.*

L'homme s'engage dans cette position « groupée » au-dessus de l'obstacle. On peut dire que le passage de la jambe antérieure est décidé avant qu'il l'aborde. Si bien qu'au-dessus de l'obstacle c'est surtout le passage de la jambe postérieure qu'il nous faut étudier. C'est pour celle-ci que le coureur a produit l'effort de l'envol, car c'est toujours celle-ci qui a été le point le plus bas du corps et, en outre, c'est elle qui passe en dernier lieu au moment où l'action de la pesanteur se fait singulièrement sentir.

C'est au-dessus de la haie seulement, alors que la jambe antérieure est déjà engagée, que l'homme peut s'occuper de sa jambe postérieure et lui faire passer l'obstacle. Jusqu'ici, elle a été, cette jambe postérieure, utilisée à la propulsion ; elle a dû, jusqu'à son ultime contact avec le sol, exécuter sa poussée dans le sens antéro-postérieur. Il va lui falloir maintenant « s'arranger » pour ne pas être une gêne. C'est grâce uniquement à un mouvement d'abduction forcée que la jambe postérieure peut passer. Seul ce mouvement permet de dérober la jambe au contact. L'extension de la cuisse, même forcée en arrière, n'aboutirait pas ainsi à cette « suppression momentanée » du membre postérieur.

Dans cette phase au-dessus de l'obstacle, en considérant la jambe droite comme ayant passé la première, on peut dire que, par rapport à l'axe du corps perpendiculaire au sol, les deux cuisses font un angle de 45° ouvert en avant et à gauche.

Les bras ont dans ce temps du saut une orientation toute particulière. Alors que, dans la course, ils se déplaçaient dans le sens de la progression, ici, ils prennent nettement la position latérale. Dans cet exercice mixte qui tient à la fois de la course et du saut, on peut discerner et suivre la part qui revient à chacun des membres, suivant la prédominance du moment. Nous avons vu la jambe postérieure coureuse devenir sauteuse, nous voyons les bras balanciers antéro-postérieurs redevenir balanciers latéraux. Seulement, ils ne le sont que d'une façon mixte, incomplète, et le bras antérieur correspond encore à la jambe postérieure.

Le tronc présente à ce moment une inclinaison latérale. Il est toujours légèrement fléchi en avant, mais sa dominante est le mouvement de latéralité. Il s'incline vers la jambe postérieure, celle qui est désaxée, et est « tordu » vers l'épaule correspondante, étant sur un plan postérieur. C'est là une attitude compensatrice due au maintien de l'équilibre, si l'on peut employer ce mot pour un corps qui ne présente aucun contact avec le sol. La statique de l'aéroplane nous y autorise.

3° *Après l'obstacle.*

C'est la chute du sauteur qui va, jusqu'à la prochaine haie, redevenir coureur.

La jambe antérieure va prendre contact avec le sol. Ce contact se fait plus à plat que dans la course, mais le phénomène de déroulement du pied que nous avons décrit se produit encore.

La jambe postérieure, celle qui a rasé l'obstacle, va redevenir antérieure et se réaxer. Elle ne peut le faire qu'après avoir libéré de l'obstacle la face interne du tibia, du cou-de-pied, du pied.

Les bras reprennent leur attitude normale et leur déplacement dans le sens antéro-postérieur.

Le tronc « semble » se redresser. En réalité, il ne bouge pas, mais le « groupement » du corps disparaît par suite de l'abaissement des cuisses.

Après l'obstacle, au moment où la jambe postérieure s'engage, à l'instant où elle va passer, dans un temps intermédiaire par conséquent entre la fin du saut et le commencement de la chute, le segment supérieur, tête et tronc, intervient pour régler le point de chute.

En un mouvement extrêmement rapide et qu'on ne retrouve même pas de façon constante sur les clichés cinématographiques, l'homme « salue », c'est-à-dire qu'il exécute un mouvement de flexion surtout cervico-dorsal pour rabattre le corps. On conçoit combien ce mouvement de réglage fin doit être étudié par l'athlète. Il repose, pourrait-on dire, sur une sensation. L'obstacle n'étant pas encore franchi, le sauteur perçoit qu'il le sera et, comme il a intérêt à « redevenir coureur » le plus vite possible, il accélère par ce balancement la rapidité de sa chute [1].

Tel est, disséqué, l'ensemble de la course de 110 mètres. C'est ainsi, par l'étude un peu ardue du geste utile et précis, que les lois du mouvement optimum pourront être établies.

---

(1) Signalons au sujet du rôle de la tête et du segment supérieur dans le saut les remarquables études du lieutenant L. de Sévy sur *Les Allures... du Cheval*, heureux animal plus regardé que l'homme.

TABLE DES MATIÈRES

NANCY, IMPRIMERIE BERGER-LEVRAULT — JUIN 1918

NANCY, IMPRIMERIE BERGER-LEVRAULT.

www.ingramcontent.com/pod-product-compliance
Lightning Source LLC
LaVergne TN
LVHW010003230826
846092LV00002B/622

* 9 7 8 2 0 1 9 9 3 6 0 0 6 *